KB189976

바람이 부르는 이름

바람이 부르는 이름

초판 1쇄 인쇄일 2016년 12월 19일
초판 1쇄 발행일 2017년 1월 02일

지은이 김경숙
펴낸이 양옥매
디자인 황순하
교 정 조준경

펴낸곳 도서출판 책과나무
출판등록 제2012-000376
주소 서울특별시 마포구 방울내로 79 이노빌딩 302호
대표전화 02.372.1537 **팩스** 02.372.1538
이메일 booknamu2007@naver.com
홈페이지 www.booknamu.com
ISBN 979-11-5776-349-8(03810)

이 도서의 국립중앙도서관 출판시도서목록(CIP)은 서지정보유통지원 시스템
홈페이지(http://seoji.nl.go.kr)와 국가자료공동목록시스템
(http://www.nl.go.kr/kolisnet)에서 이용하실 수 있습니다.
(CIP제어번호 : CIP2016030598)

바람이 부르는 이름

김 경 숙

책과나무

시작 노트

네가 슬며시 손에 집어 든
그 강물을 낳은 것은
내 눈물이었어!
둥글고 투명한 그 강물 속에서
비상을 꿈꾸며 미로 속을 헤맸지

달 속으로 돌아가는 너의 하루
너의 하루가 복제인간으로 태어나고
우주의 에로스로 태어난 난
사람들의 무심한 발길질로 쓰러졌지

강물에 입술을 대는 꽃의 무게
네 손에서 흐르는 강물의 언어를
난 기억하고 있어

목

차

1부
아침

바람이 부르는 이름

4부

🌿 말린 꽃잎을 보며

5부

동심 엿보기

* Parody 시

1부
___
아침

해꽃 봉우리
숲이 지나간 자리에
풀바람이 분다

아침

1
해꽃 봉우리
숲이 지나간 자리에
풀바람이 분다

해가 중천에 떴다
빗자루를 들어 찬바람을 방으로 쓸어 넣는다
양철도시락 여섯 개를 싸느라 분주한 어머니는
가마솥에 더운물을 가두고
일어나라 찬 소리를 한다

2

잠을 자는 둥 마는 둥
경직된 몸을 두들기며 맷돌을 간다
두 손이 묶인 채 주방으로 들어선다
어머니가 밥솥을 들면 밥을 짓고
뚝배기를 들면 장을 끓인다

3

털이 숭숭 ,손가락 크기의 산마
사과 한쪽, 요구르트 세 병, 인삼 한 토막
돌돌 갈아 내 볼을 적신다
차가운 마 한 잔 툴툴거린다

빗소리

해가 눈을 뜨기 직전
창문이 눈을 뜬다
굵은 빗줄기가 포클레인으로 땅을 파
강을 만들고 있다
툭툭 발을 차듯 퍽퍽 삽을 들이밀며
인부들의 웅성거림이 빗소리로 내린다

남편의 코 고는 소리가 벽을 타고
먼지와 땀으로 범벅이 된 세상
뜨거운 김 뿜어내며
빗소리로 부서진다

왜 빗소리는 별들을 이리도 잠 못 들게 하는가

*나는 빗소리가 섭섭하지 않게
창밖으로 오래 귀를 열어 놓는다

그리고

더위에 까맣게 타 들어간

해바라기의 안부가 궁금해진다

* 안도현의 시 「빗소리」 중에서 인용

나무 놀이터

나무는 기억한다

등을 타고 기어오르는 소리
목마를 타듯 내 목을 잡고
엉덩이 들썩이는 소리
심장 뛰듯 발자국 소리
아이들이 벗어던진
물고기 같은 발가락이
발목에서 찰랑거렸다

달 속으로 돌아가는 아이들
하루하루가 나이테 위에서 돌고 있다
오선지 위에 새겨진 악보처럼
레코드판 같은 나이테 위에
웃음소리 멜로디를 낳는다

들썩 들썩, 쿵쾅 쿵쾅,

숲이 소란스럽다

나는 팔다리로 나이테를 돌린다

아이들의 웃음소리 귓가를 울린다

벌초

아버지가
망촛대로 서 계신다
아버지가
밤나무로 서 계신다

아버지와 손을 잡고 걷는다
아버지가 웃으신다
삶의 이야기들 가슴에서 입으로 퍼 올리며
잡은 손 꽉 쥔다

산에 오른다
경운기를 타고 간다
터덜거리는 바퀴가 그리움에 부딪힌다
미끄러지는 몸을 아버지가 잡아당긴다

제초기에 잘려 나가는

둘쑥날쑥한 아버지의 머리카락

방아깨비처럼 날아오른다

바람 소리에 아버지의 숨소리가 묻어난다

아버지의 향기는 우거진 나무 그늘이다

모내기

아버지 발바닥처럼

갈라진 논바닥에 스킨을 바른다

퍽퍽한 땅 위로 쟁기를 끌고 가는 소가

봄바람에 살랑인다

마른땅 숨은 물기가

쟁기에 부딪히듯

흙덩이에 부딪히듯

찰박이는 하늘 물

꽃가루 날리는 무논

파릇한 모가 맘 가득하다

한 움큼 부여잡고

살붙이 인사하듯

춤추는 남정네들의 흥겨운 웃음소리

하늘로 치솟는 푸른 잎들

저 출렁이는 하늘에 모판이 환하다

아버지 갈라진 발바닥에 힘줄 돋아난다

민들레

땅바닥에 엉덩이 붙이고
화살촉 같은 푸른 줄기들 활시위를 당긴다
푸른 아이들이 뻗어 나가고 있다

양지바른 곳을 쫓아가는 노인들
빛의 무게에 눌려 몸을 움츠렸다가 편다
텅 빈 꽃대로 하늘 날개를 단다

사방으로 쏟아져 피어나는 생명의 씨앗
아이들은 흙을 먹고
노인들은 바람을 먹는다

마른 꽃대
돌 틈에서 중얼거린다

밭 한 떼기를 옮겨 왔다

상추랑 쑥갓이랑

얼갈이 청경채를 심어 놓은

밭 한 떼기를 옮겨 왔다

뿌리가 잘린 채소들은

저마다의 이야기들로 수다스럽다

바람 소리 머리를 쓰다듬고

햇빛 고운 눈길 잎사귀로 받아먹는다

푸른 잎을 만들던 붉은 땀방울

비타민 무기질로 내 몸을 건강하게 해 준다

달팽이는 두고 왔다

바람이 부르는 이름

*잎

잎들이 입을 내놓는다
그 푸른 잎들을 보고
울창한 숲 표면에
입들이 무음으로 몰려온다
빗속에 입을 벌리고
잎들은 예수님처럼 팔을 벌려
한 입 맛있는 말씀을
먹는 중이다
숲처럼 무성한 입을 달아야
나도 그 말 한 대접
얻어먹을 수 있을 것이다

* Parody 시

봄비

봄비가 내린다
어머니 마음처럼

구석진 산비탈 콩밭 부치면서
봄 가뭄에 새순 말라 죽을까 전전긍긍하시던 어머니
마른 삭정이 같은 무릎 세우며
하늘 향해 기원하시던 어머니

그 마음 닿아
봄비 내린다
어머니 밭에
봄비 내린다

여린 새싹들
어머니 사랑 먹고 뾰족뾰족
연녹색 고개 내밀고
실눈 같은 손 흔든다

바람이 부르는 이름

천지가 어머니 환희로 가득하다

봄비 내린다

감자꽃 레시피

하지(夏至)에
북극에선 종일 해가 지지 않는다
하지 전엔 감자를 캐야 한다

비지 한 주먹을 얹어 놓은 듯
꽃잎에서 엄마 냄새가 난다

감자꽃 속에는
엄마의 레시피가 있다

강판으로 간다
그 옛날엔 맷돌로 갈았다
감자를 갈아서
감자전을, 수제비를, 범벅을
옹심이를, 떡을
찐 감자를 으깨서
감자 샐러드도 만든다

투박한 감자는 부드러워졌고
하얀 감자는 까매졌다

엄마의 거친 손이 감자껍질을 닮았다
엄마의 머리가 감자꽃처럼 하얗다

엄마가 보고 싶다
엄마가 보고 싶다

선물

생일에 꽃바구니를 받았다
그녀가 손수 만든 꽃바구니
장미 가시에 찔린 손가락 끝이
장미꽃처럼 빨갛다

환희에 찬 꽃바구니를 들고 지하철을 탔다
사람들의 몸의 밟혀 꽃잎이 우수수 떨어진다
그녀의 마음 한쪽이 다칠까 봐
얼른 허리 굽혀 꽃잎을 줍는다

꽃들이 가을 햇살처럼 맑은 오후
창호지 문 환한 창가에서
떨어진 꽃잎 책갈피에 눕힌다

겨울철이면 돌아올 그녀의 생일에

책갈피에 잠든 꽃잎을 깨워

그녀에게 선물하리라

꽃잎 같은 사랑을 보내리라

여름

1

화장한 얼굴에
한 겹 더 화장을 한다

2

민소매 원피스로 지하철을 타면
에어컨 바람이 살들을 분해라도 할 듯
냉기가 칼날 같다

3

개울가
칡넝쿨이
실타래를 풀어 놓은 듯
엉켜 있다
물길 가득 메운 것은
풀숲이었다

바람이 부르는 이름

전봇대를 타고 올라가는 담쟁이

목을 조르는 듯

숨 막힌다

면도기로

스윽

밀고 싶다

동백

작고 둥근
경단 모양 초록 봉오리
입술 위에 분홍빛 립스틱을 바른다

하얀 면사포 쓰고
노란 부케 들고
겨울바람에 서서

해안가 바닷바람을 맞는다
몸속에 불덩어리를 품고 있어서
차디찬 동장군을 사랑하나 보다

떨어지는 붉은 꽃잎들이
대지 위에서 흙 냄새를 맡으며
하늘을 바라본다
삶의 소릴 듣는다

김장하던 날

가슴을 질끈 동여 맨 배추들
양쪽 소매를 걷어 붙이고
서리 내린 밭에 쭈그리고 앉는다

어릴 적 목욕탕이었던 고무대야에
배의 속살처럼 탐스런 통통한 무
수세미에 살갗을 맡기고
채칼에 짧은 비명이 절인 배추에
쏙 쏙 박힌다

아이들의 수다처럼
꽃봉오리가 활짝 피어난 듯
소쿠리에 쌓이는 겨울이 배부르다

어머니 치마폭 항아리 가득
김칫소같은 가족의 사랑이
김장김치로 익어 간다

가을 하늘

하늘이 올라간다
동구 밖까지

빈 방이 여럿 생겼다
산길을 걸어
고갯길 너머 있는 빈 방

수풀 속에서
가을벌레들이 울면
바람을 타고 날아오는
어머니 숨결

누런 벼이삭
한상 가득
뜨거운 식탁 위를
가을이 걸어간다

따가운 햇살

가리던 손바닥

빨갛게 타 버리고

하늘은 자꾸

고개를 뒤로 젖힌다

친구에게

아침에 일어나 보니
눈이 찾아왔다
지난밤 밤새 뒤척이다
샛노란 햇빛을 내려놓고
눈은 가 버렸다
지하철을 탔다
눈을 찾아가서 위로하고 싶었다
왜 울었는지 왜 긴 밤을 홀로 뒤척였는지
그런 것은 묻지 않으리라 다짐하고서
빌딩 숲을 헤치고
과천 대공원으로 향했다

대공원에 들어서니
눈이 대지를 껴안고 누워 있었다
산마다 가지마다 솜이불을 덮고 있었다
푸른 잔디는 머리가 하얗게 새어 있고
선홍빛 철쭉은 하얀 목화가 되었다

바람이 부르는 이름

바람이 불었다

고개 들어 멀리 하늘을 본다

화가 난 바람은 얼굴을 세차게 때렸다

고개를 돌려 호수를 본다

수면 위에 내린 눈들이 햇빛에 달구어져 보석이 된다

오는 길에

나그네 원두막에 들렀다

지붕마다 얼어 버린 눈물 뿌리

고드름을 꺾어 시를 쓴다

손가락이 무거워서 글씨가 잘 써지지 않는다

도시를 떠나 만난 하얀 눈

대지를 꼭 껴안고 남아서 나를 위로한다

친구에게 눈을 보낸다

작은 쉼을 보낸다

2부

———

산책

눈 감으니 찬바람
안으로
더운 해의 속살이 간지럽다

저녁

아침 안개
골짜기로 들어가 쉬는 동안
차가운 햇살
나뭇가지들 서럽다

담 아래서 물을 끓인다
저무는 해, 정 깊은 불꽃으로
한 솥 가득 끓인다

밥을 짓는다
갇혀 있던 수증기들이
얼굴에 부딪혀 떨어진다
하얀 밥알에 윤기가 흐른다
미끄러지는 아이들의 식욕
노을을 삼킨다

바람이 부르는 이름

노을

무한의 빛이

어둠이 들어오는 문에 서서

제 모습을 드러냈다

열기를 뿜어대던 한낮의 투명한 빛은

빨갛게

동그랗게

산 뒤로 숨는다

하늘을 물들이며

벌거벗은 몸 부끄러워

숲으로 가린다

붉게 하품하며

눈꺼풀 같은 산을 내려놓는다

하늘이 해를 향해 구름가지 뻗어 내린다

구름도 빨갛게 익는다

*공지천에서

늦은 밤
황금 불빛이 비추는 호수에 나와 앉았습니다

이 시간
내가 아주 쓸모없습니다
쓸모없다는 것이 희망입니다
유성을 끌어안고 있는 수면 위에 노크를 하고
흔들리는 유성의 꼬리가 두드리는 호수를 달랩니다

한여름도 아닌데
물고기가 첨벙첨벙 튀어 오릅니다

* Parody 시

가출

봄기운이 나를 불러낸다
마음을 붙이지 못했다

껍데기뿐인 내 모습을 보았는가
남편의 말 한마디
"너를 못 믿어"
그 말이 밖으로 나를 밀어냈다

집을 나왔다
옷깃을 여미던 바람은 뜨거운 입김으로 내 귓불을 적셨다
밖은 춥지만은 않았다
울타리는 뛰어넘을 만큼 낮았고
아이들은 어디론가 사라졌다

아직도 가출 중이다

솔향

솔잎이 날개를 펴고
철새처럼 무리 지어 하늘을 날고 있다
나뭇가지 가위춤에 바람이 비릿하다

눈 감으니 찬바람 안으로
더운 해의 속살이 간지럽다
속으로 속으로만 기어 들어가는 태양
구름 파도 몰려와 붉은 해를 갉아먹는다

솔잎을 세듯 생의 모래알들 손바닥에 펼쳐 본다
뿌리에 등을 기대고
꽉 쥔 주먹 펴 보이라고 바람을 부르지만
바람은 모른 척 물결만 들어 올리고
벚꽃 날리 듯 모래 위를 날고 있다

바람이 지나간 자리 비가 내리고
주루룩주루룩 철새가 내려앉는다
눈물 같은 송진을 긁어내린다

파도

손뼉 치는 수만 개의 손들
넘어지는 모래를 껴안는다
손이 시리다

하얀 능선을 타고 내려온다
시퍼런 칼날을 들이댄다
붉은 모래알 같은 심장들을 베어 버린다
발이 시리다

바람의 길 따라 비틀거리는 마음
뾰족한 욕망의 꼭짓점
등고선 오름길에 백기를 세운다
요란하다

바람이 마른 모래를 핥는다
핥는다 마른 모래가 파도를
가슴 시리다

안개 강

먼지 섞인 햇살이 그의 눈을 태운다
이젠 걸어서 건널 수 없는 깊은 강바닥에
두 어깨 사이로 움츠러든 머리
수천 개의 눈동자를 외면한 채
그는 강을 건너고 있다

새벽까지 비가 내렸다
그의 마지막 혈액이 온 밤 까맣게 얼린다
서리 같은 안개가 하얀 혈액으로 떨어진다

희미한 영정사진 안개로 내린다
안개를 퍼내면 사라질 것 같은 그
그가 떠난다

골목 안을 가득 메우는 통곡 소리
아침 햇살 속으로 울려 퍼진다

낙엽송

한 나무에 암수 한 쌍
가지마다 무더기로
밭고랑 같은 골짜기에 눕는다

하늘을 찌른다
줄기와 하늘을 한 땀
잎사귀에 하늘을 덧대고 두 땀
한 땀 두 땀
어머니의 소원이 하늘과 나무를 엮는다
줄기가 솟는다
잎이 솟는다
해가 솟아오르듯 아이들이 솟아오른다

부드러운 침엽수림 속으로

어머니의 짧은 손가락이 발에 밟힐 때마다

노란 열매가 벼이삭처럼 익는다

한 땀 한 땀 어머니의 마음처럼

노란 들국화 피어나는 기도 소리 들린다

유택동산

냉장고에서 실파를 꺼냈다

오랫동안 내버려 둔

문드러진 그 얼굴을 보니

내 마음도 물크러진다

습진 걸린 손마디처럼

그의 눈이 실파처럼 짓물러져 있다

그런 그의 살빛이 하얗게 부서져 내린다

너를 부서지는 햇살 속에 날려 보낸다

너를 버리는 내 손가락

나의 몸뚱어리에 되돌아와 달라붙는다

수천 길 멀고 먼 길

붉은 흙, 붉은 혈액

이제 너의 몸이 불 속에서

꽃씨 하나 남기려고 지상으로 날아간다

냉장고 실파처럼

그는 그렇게 떠나고

나는 신들린 바람처럼

너의 혼으로 떠돌고 있다

불면증

밤이
뒤척이다가
바스락 바스락
낙엽으로 뒹굽니다
죽은 듯 숨을 멈추지만
단풍잎처럼 빨갛게 살아 있습니다

밤이
중얼중얼 주절거립니다
헛된 생각들이
향기 없는 꽃들로 피어납니다
천정만 바라보는 눈동자 속엔
호수처럼 바닥이 보이지 않습니다

바람이 부르는 이름

별빛이 불빛을 밀어냅니다

나를 가두는

어둠의 창살은

별빛과 동거하며

밤이

반짝반짝 말합니다

돌아누운 남편 등도 불면증입니다

황금박쥐

날개 속에 새끼를 품고 날아간다
한 마리 새끼밖에 안고 날지 못하는 새
남은 새끼가 먼지 무덤으로 사라져 갈 때
한 점 눈동자는 눈물로 짓뭉개지고
어미는 죽을 때까지 상복을 벗지 못한다

해진 옷자락 실밥처럼 매달린 아이들
뒤척이는 아이들을 남겨 두고 그녀는 떠났다
큰 길까지 쫓아오는 울음소리
퇴화된 날개에 아이가 숨어서 울고 있다
뼛속 깊이 살아남아 소리치며 울고 있다

벌린 입 사이로 초음파를 보낸다
손톱 날개를 펴고
날개 속에 먹이를 삼킨다

겨울나무

여름내 팔랑이던
자유를 묻고
소복소복 입은 상복
목줄기에 숨을 떨어뜨리며
통곡을 한다

썩지 않는 뿌리
흔들리지 않는 가지로
겨울을 지키는 청지기 되어
하늘빛으로 웃는다

어둠이 내려앉은 골짜기
노을에 물드니
뽀얀 살덩이 피어오른다

겨울밤

빠알간 태양빛이 빙판에 미끄러져 별을 쏟는다

놀란 하늘이 파랗게 멍이 든다

그 하늘 아래서

참나무로 불을 튀긴다

고구마는 인어공주 다리를 감싸던 은빛 비늘로 단장하고

참나무로 지은 따뜻한 집으로 들여보낸다

빨간 불씨들이 별처럼 아름답다

새까매진 고구마 속의 노란 알몸처럼 노란 별빛 속에

파란 마음들이 고구마를 달게 먹는다

손마다 검댕이 숯을 들고 입술 위에 까만 립스틱을 바른다

바람이 부르는 이름

무임승차

철길 위로 떨어지는 빗소리가 미끄럽다
열차가 미끄러지는 동안
빗방울들이 승차한다
무임승차다

지붕 위에 승차한 빗방울들이
승객들의 이야기에 귀 기울인다
상담자와 내담자다
유임승차다

구름 속의 산책

붓도 없이 온몸으로 그림을 그린다
푸른 도화지 위
성을 쌓고 사람을 만들고 동물들 뛰논다
또 하나의 세상을 짓는다

그렸다가 지우고
짓고 허물고

온몸으로 지우고 온몸으로 그린다
수많은 세상을 짓고 허물면서 다스림은 없다
숲에 머물면 해가 와서 핥아 가고
공중에 머물면 바람이 쓸어 간다

나도 덩달아 한입 베어 문다

바람이 부르는 이름

3부

바람을 따라

나는 어느새
그대 이름을 쓰고
그대 이름 아래에
정성스럽게
내 이름을 쓰고 있습니다

그리움

아직도 대지는 낙엽으로 쌓여 있다
쌓일 줄 모른 채 날리는 눈꽃
늘어진 버드나무 가지 위에서도 방황한다

한 달여
세월의 끝은 보이지 않는다

인내의 시간은 변덕스럽고
당신의 가슴은 차갑기만 한데
난 무엇을 기다리고 있는 걸까

서글픔이 나를 억누르고 있다
차라리 가랑비라도 내렸다면
빨간 삼단 우산 서러운 눈물 가려 주었을 텐데

갈색 하늘 여전한데 난데없이 흰 눈이 내리고
지조 없이 숭실대 담벼락에 개나리꽃이 꽃망울을 터트렸다

아직 겨울이 아닌 것처럼

눈처럼 비가

그리곤 비마저 그쳤다

*그대 이름 아래에

나는 어느새
그대 이름을 쓰고
그대 이름 아래에
정성스럽게
내 이름을 쓰고 있습니다

손이 움직일 때마다
나는 우리 사랑에
정신을 쏟아 놓곤 합니다

나는 어느새
그대 가슴에 스며들고
그대 가슴에
가볍게
내 가슴을 포갭니다

심장이 떨리는 소리가 들릴 때마다

살며시

눈 감아 음미합니다

* Parody 시

비처럼

비처럼

온몸 부서져

내렸으면 좋겠습니다

비처럼

물방울 되어

내렸으면 좋겠습니다

비처럼

수많은 시인들의 가슴을

땅속 깊이 묻었으면 좋겠습니다

귓속말처럼

내게 가만히 스며드는 그

수평선 끝 파도처럼

몸살이 납니다

설렘

원시림 풀숲에서

돌멩이 들어 땅을 판다

원시인(源詩人)인 그가

호미질을 한다

은빛 갈대 같은 흔들림으로 숨어 있는 감자

무딘 돌멩이로 캔다

손수건을 편다

은쟁반을 들고 걸어가듯

감자 한 주먹을 가슴에 품는다

풀잎을 뜯어 내 손에 쥐어 준다

풀 향기에 섞인 그의 땀내

손 안에 꼭 쥐고 집으로 돌아온다

다리 위에서

버들개지를 흔들어 댑니다
솜털들이 손을 잡고
강물 위로 떨어집니다

기다리는 한 사람을
시집 위에 올려놓고
강 저편에도 세워 놓습니다

버스 정류장으로
두 눈을 떼어 놓는 순간
시집을 떨어뜨렸습니다
지나가는 사람들뿐입니다

이쪽 끝에서 저쪽 끝까지
시집은 쉴 새 없이 넘어가고
귓가엔 무언의 소리들이
아무렇게나 널브러져 있습니다

돌아오는 길 솜털바람을 타고
그의 그림자를 찾습니다
그가 올 시간이 가까워 올수록
강폭은 좁아집니다

물

그가 서 있다 물을 머금고
비가 내린다 그를 안고서
강을 건넌다 무지개다리 위로

강물이 넘친다
바람처럼 지나가지도 못하고
꽃잎처럼 지지 못하고
낙엽처럼 떨어지지 못하고

흐름 속에서도 미처 다 흐르지 못하고
쏟아지는 빗줄기를 감당하지 못한 채
강가를 덮치고 다리에 매달린다
풀들이 쓰러지고 나무가 흔들리고 바위가 움직인다

비는 그의 모습으로 서 있다

비는 그리움이다

그의 목소리가 듣고 싶고 그의 숨결을 느끼고 싶다

그가 빗속에서 강을 건넌다

창밖에 비가 내릴 때

산바람을 곁에 두듯
당신도 곁에 두고 싶었습니다

대추나무 위에 앉았다가
날아간
나비 한 마리
비 때문에
아마도
앉을 수 없었나 봅니다

바람이 부르는 이름

당신이 나비처럼

날아온다면

미루나무 위 새집처럼

처마 밑 제비집처럼

나도 대추나무 위

붉은 대추 같은 나비집을

만들어 놓고

당신을 기다리겠습니다

봄비의 배신

하늘이 북을 친다
요란한 북소리에 귓속이 얼얼하다
누런 비가 내린다

붉은 흙덩이를 두들기던 물빛 고운 비가
검은 모래바람과 팔짱을 끼고 다가온다

연초록 아기 잎새 방긋 웃다가
뻗어 가던 줄기 안으로 접는다

땅이 지글지글 끓는다
치이익 치이익 압력밥솥 터질 듯
마그마 알갱이들 살갗에 떨어진다

도톨도톨 살가죽이 가렵다
하얗게 들뜬 살 속에 물이 고여 있다
발효된 붉은 혈액
바닷속 생물들 독주를 마신다

눈

차가운 입김이었다

나를 애무하는 뜨거운 입김은

차갑게 가슴속에서 녹아내렸다

바깥에서 구름을 제치고

쏟아져 들어온 햇빛 한 줄기가

오랜 절망 한가운데를 관통했다

나는 나에게

너는 너에게

서로서로 차마 무슨 인연이었던가

나를 앞서간 발자국

점점 굳어져

또 하나의 길을 만들고

두서없는 발걸음

점점 허물어져 간다

바람이 부르는 이름

더 좋은 날들
눈밭에 보석처럼 박혀 있을
그날을 기다린다

너의 소리 들린다

늪

앓는다
말의 늪을
머릿속은 마른 덤불 속 불길 같다
하루살이 눈앞을 맴도는 삶의 먼지들이
하수구의 오물처럼 썩어 간다

말을 뿌린다
습기처럼 끈적이는 언어의 늪들을
칼날 같은 눈물을 흘리며
통나무처럼 둥둥 떠 허우적거린다

늪에 빠진다
그는 늪에 빠져 말을 잃는다
바람 같은 그녀의 그림자를 안고
작년 여름 한 남자를 만난 그녀의 등 뒤에서

바람이 부르는 이름

그녀를 용서한다

그녀를 지키려다 늪에 빠진 그

축축한 늪과 마른 덤불 속을 걷는다

헛헛한 웃음 한 걸음 한 걸음

늪 속에 가두어 두고

밤

까만 폭설이다
거대한 슬픔이 눈발로 꿈틀거린다

괴괴하게 울려 퍼지는 흐느낌
스란치마로 가려진 유리창 가득
성에가 가시밭길 같다
우주를 떠돌던 소립자들이 엉키어 몸부림친다

기름 없는 등을 들고 있는 그녀
수험생 아들 밤참 준비하는 불빛도
종일 일에 지친 남편을 바라보는 가여움의 눈빛도 아닌
썩은 몸뚱이를 위해 밥을 구걸하는 몸부림의 불꽃이었다

한 발 내딛지 못하는 발등 위로
먹물 같은 눈물이 웅덩이 속에서 신음한다
어둠 속에서 울고 있던 그녀가 불빛을 받아 웃는다
불빛이 다 타들어 가면 그녀의 웃음도 사라진다

그녀에게 꿈이 있었던가

손톱 끝으로 제 몸을 할퀴고

제 몸에 흐르는 피를 꾸역꾸역 받아 먹는다

벌거벗은 꿈들이 물살처럼 떨고 있다

잠자는 바다

네게로 갔다

너는
잠들어 있구나
내 귀에 속삭이는가
귀 기울여 봐도 아무 소리 들리지 않는다
잠꼬대라도 너의 목소리 듣고 싶은데
너는
그저
선한 바람결에만 정답다

늘 거품을 토해 내며 쏟아 내던 수다스러움은

그리움으로 남아

돌아보고 또 돌아보아도

너는 깊은 잠에서 빠져나오지 못하는구나

단조로운 일상에 지쳤는가

춤사위에 한판 놀아 보려고 흔들어 보지만

모른 척 눈을 감는다

너를 홀로 놔 둔 채

집으로 돌아온다

너의 말 없음이 가슴에 그림자 하나 세운다

겨울 산

무심하다

부러진 나뭇가지 같은 다리
버석버석 소리가 난다
여자의 지친 삶이 욱신거린다
안색이 흙빛이다
마른 잎새 같은 얼굴엔 버짐처럼 남자의 욕정이 피어 있다

물속에 묻혀 버린 겨울 산
방사선 촬영처럼 속이 환하게 들여다보인다

사내는 이유 아닌 이유로 여자를 걷어찼다
그리고
가끔씩 여자를 찾았다
차가운 밥 한 덩어리를 던져 주면
여자는 개처럼 받아먹었다

산이 흔들린다

가끔씩 등산객 발길이 산을 따뜻하게 밟는다

물그림자 산을 흔든다

봄꽃! 바람에 휘어지다

천년 세월 물인 듯 불인 듯
더는 버틸 수 없어 산마다 핀다
목마른 가지 이슬로 적시니
성급한 향내가 산을 들썩인다

꽃잎을 밟으며 산을 오른다
땀방울에 젖어 녹아 버리는 꽃잎
돌이켜 보는 기억들 맷맷하게 지고 있다

석류알 같은 많은 날들 아랑곳없이
하루뿐인 욕망 교수대에 목을 맡긴다
검은 가지 돋아나는 새싹들 외면한 채
꽃만 피우겠다며 움켜진 꽃봉오리

백 일도 못 가서 꽃잎은 지고
연초록 잎사귀 우뚝 솟았다

4부

———

말린 꽃잎을
보며

말린 꽃잎이
손끝 사이에서 부서지듯
나는 부서지고 있었네

사과

그늘이 남아 있었다

그래도 웃고 있다

아니다 울고 있었다

붉은 물이 뚝뚝 떨어진다

햇빛을 긁어대다 핏물이 들었다

땅속 깊이 묻은 꽃의 무게

쌓이고 쌓이고 쌓여서 무거워진 몸

온몸이 휘청,

그래도 수줍은 얼굴이다

꽃이 떨어진 뒤에도 오래 기우뚱, 한다

붉은 비단으로 휘감은 몸

원색의 땅 위로 물구나무를 선다

뽀얀 얼굴에 하염없이 스며드는 노을빛 열매

노을을 따 먹는 가을 하늘

입술이 붉다

그림자

타 버린 내 영혼
검은 찌꺼기를 걸러낸다

햇살의 기운으로
숨을 쉬고
구김살 없는 얼굴로 뒤처짐 없이 걷는다
앞으로 뒤로 얼씬대며
내 모습을 흉내 낸다

흥덩흥덩
쏟아져 버린 내 영혼
넘치는 몸뚱이 구경꾼 되어
검은 흔들림에
눈을 빼놓고 있다

새

새들은
제 울음소리를 잃고
새들은
제 둥지를 잃고
새들은 제 날개를 잃고
광장에 앉아 있다

엄마 잃은 고아처럼
콘크리트 바닥에서
말라 버린 먹이를
구걸하고 있다
긴 울음 누더기 같은 날개로 가리고

바람이 부르는 이름

가을 가뭄

산들이 식중독에 걸린다
설익은 단풍잎
더운 바람에 말아서
허기진 입으로 쏙쏙 삼킨다

여름이 길다
하늘이 마른다
파도는 하얀 모래가 되고
목마른 땅은 갈라섰다

낙엽을 먹는다
붉은 듯 푸른 태극기처럼
붉게 물들다 만 시퍼런 잎들이
땅속으로, 뿌리로 스며든다

*플라나리아

한 토막

두 토막

토막 난 플라나리아가

얼굴이 몸과 팔다리를 만들고

몸통이 얼굴과 팔다리를 만들고

다리가 몸통과 팔을 만든다

한 마리의 플라나리아가 세 마리 네 마리의 플라나리아가

된다

내 몸을 토막 내서 또 하나의 내가 존재할 수 있다면

내 몸을 토막 내고 싶다

플라나리아처럼

* 플라나리아는 자웅동체이며 인두의 앞쪽이나 뒤쪽에서 횡

분열하는 무성생식과 교미에 의한 유성생식 등 두 가지 번식을

다 합니다. 또 재생력이 강하여 몸을 가로로 반으로 잘랐을 때 머리가 붙어 있는 쪽의 단면에서는 꼬리가 재생되며, 꼬리가 달려 있는 쪽에서는 머리가 재생됩니다. 몸의 100분의 1의 작은 조각에서도 전체가 재생되는 능력이 있어 재생 실험에 이용됩니다.

가을

물 밑 하늘 나무
한 켠
어머니가 강을 건너고 있다
광복의 만세 소리 들린다

마른 흙 한 줌
아들의 이름도
어머니의 이름도 녹아 버린
그녀의 눈물 한 줌
만주벌판에 흩어진 유골
한 줌의 흙으로 돌아왔다

물바람에 씻겨 발밑에 깔린다
눈부신 햇살 아래 몸을 담구고
차가운 자궁 속에서 헤엄을 친다

종이컵

입술을 적시는 우물 한 장
입맞춤처럼 그립다

너를 가두고
날마다 조금씩 마신다
내 마음 섞어 회오리친다

투박한 옷깃 속으로
살 내음이 묻어난다

종이컵 위에 편지를 쓴다
한 줄 말아 올린 그리움을 풀어낸다

나의 기도

새벽 다섯 시
기도를 하러 공중전화 앞에 섰다
저마다 수화기를 들고 전화를 한다
생명책에 기록된 나의 번호
번호를 누른다
중얼중얼 이야기한다
하나님은 내 이야기가 끝날 때까지 듣고만 계신다

동전을 넣지 않았다

폭언

물처럼
바람처럼 떠돌다
이슬 한 방울
내 모습 잠그고
가슴속 돌덩이 끌어안으니
아래로 벼랑이다

바늘로 콕콕 찌른다
고무풍선 같다
가지치기하듯
싹둑싹둑 잘라 낸다
붉은 심장이 하얗게 얼었다
눈처럼 날린다
차갑게 차갑게
사람이 죽어 간다

가을 이야기

가을 1

햇살 같은 아이가 웃는다
하늘 같은 아이가 웃는다
청명하다

가을 2

붉게 물든 숲이
푸른 알몸을
한 장 스카프로 감싸 준다
인도 전통 의상이다

바람이 부르는 이름

가을 3

개울가
갈대숲이
하얀 뭉게구름 같다
맑은 물가에 비친 갈대
달님 마중 나간다

급하게 흐르던 시간들이
명상에 붙잡혔다

문둥이 사과

벌레 먹은 자리가
그늘을 베고 누웠다

뽀얀 얼굴에
떨어지는 검은 반점들이
부스럼처럼
누더기 같은
꽃을 피운다

몸이 부서진 줄도 모르고
입술에서 붉은 피가 흘러내리는 줄도 모르고
가을 햇살처럼 활짝 웃던 사과

그렇게 웃지 않았더라면
그렇게 울지 않았더라면
벌레들은
혀끝 달콤함에 빠져들지 않았을 것을

몸이 부서진 줄도 모르고

몸에 꽃이 핀 줄도 모르고

검은 피 흘리지 않았을 것을

치매

백지가 된다

주머니에 손을 가두고
면회 신청을 한다
늘어나는 하얀 머리카락만큼
줄어드는 뇌세포
검은 머리의 수치스러움 앞에
내려놓고 싶은 삶의 무게

잊고 싶은 기억들
바람의 유언

지웠다고 쓰고
지웠다가 쓰고

연애편지처럼

기억은 잊혀지고

기억을 그리워한다

눈물

어머니 눈물은
갈라진 손톱 같은 낙엽이다

길 위에서
어머니는 낙엽처럼 부서졌다

여행길에서
심장이 멎어 버린 어머니
낙엽으로 뒹군 생의 먼지들
내 눈물샘으로 이장되고부터
길은 울기 시작했다

잘 지내라는 한마디 말도 못한 채
부서지는 눈물 흙 속에 가두고
어머니는 나를 적시고 있다
뿌리째 뽑히지 않는 눈물

눈물은 내 어머니다

말린 꽃잎을 보며

당신 안에 내가 있었네

문을 잠그자

내가 모습을 드러냈네

말린 꽃잎이

손끝 사이에서 부서지듯

나는 부서지고 있었네

우물가에 앉아

먼지가 된 나를 보았네

부서지는 꽃잎이

바람 따라 떠다니고 있는 것을

내 안에 당신 있었네

문을 열자

당신이 모습을 드러냈네

캄캄한 우주 한가운데

당신의 눈물이

손끝에서 내 영혼을 적셨네

들판에 앉아

마른 뼈에 솟아오르는

뽀얀 햇살을 보았네

거친 땅에 흘러드는 생명수를

송어회

붉은
대지 위에
산맥을 그린 듯
사선 위에 행진

너에게
새겨진
나의
잔잔한 물결

5부

동심 엿보기

한 사람의 빛으로는
세상이 밝지 않아요
반딧불이처럼
모여 모여 봐요

꽃샘추위

옷장은
봄옷으로 갈아입고
창밖은 눈부신데
바람은 겨울바람
쌩쌩
스케이트를 탄다

물수제비

돌멩이
날아간다

하나 둘 셋 넷
수면에 닿을 때마다
화살 당기듯 튕겨 나간다
빠질 듯 빠질 듯
담방담방 뛰어간다

바람 끝에 이르러
퐁당

강은 팔 벌려
덥석 안아 준다

봄바람이 차가워요

쌔앵

바람 속에 얼음 쏘옥
동그란 입술이
으으으

그 모습 보고
산도 들도 오싹
어깨 잡고
덜덜덜

나도
꽃나무도 다리 들고
바들바들

달달달, 부들부들

바다까지 흘러간다

허억 허억

새싹

꼭꼭 숨어 있다가
꼭꼭 숨어 있다가
봄이랑
눈
마주치면

너
땅속
탯줄을 끊고
쑥쑥
솟아오른다

꽃을 물고
열매를 품고

엄마를 닮은

초승달

우리 엄마
눈썹처럼 예쁜 초승달
우리 할머니
안락의자였으면

허리 아프다
어깨 아프다
우리 할머니를

활 같은 몸으로
백허그 한다

열쇠

엄마가 없는 집은
햇살 한 올 없는
귀신의 집

아이는
쇠 목걸이를 옷 속에
감추고 또 감춘다

엄마가 없는 집은
창문에 비친 햇살을 열고
동화 속 집으로 들어간다
벽면에서 들려오는
아이들의 발자국 소리
마법의 세계로 여행을 떠난다

회오리바람이 나를 안고 간다

코끼리 귀

코끼리

코끼리

코끼리는 코가 커요

하루 종일 땡볕을 걸어도

코가 큰 거만 생각해요

커다란 두 귀로 부채질하면

좋을 텐데요

엄마 머리

엄마 머리 위에
별 하나 없는 밤을 그리네

새벽 바다에서 건져 올린
오징어 먹물을 뽑아
뽕나무 밭에서
따 먹던 오디처럼
까맣게 물든 엄마 손

엄마 머리 위에서
헤엄치는 은빛 갈치들
오징어 먹물로 물들어 가네
졸졸 흐르는
물줄기 같은 주름살
덮어 주는 밤이 되었네

엄마 두 눈에서

별들이 반짝반짝거리네

단풍나무

가을 아침
단풍나무는
봉숭아 물들이듯
빨강 물감 노랑 물감 쏟아붓네

머리엔
알록달록 예쁜 손톱
우리는
그 손 위에 손을 얹고

살랑살랑
입 맞추면
단풍나무 부끄러운 듯 더 붉어지네

찬바람 속엔 뭐가 들었을까

북소리 들린다
봄이 온다고
둥둥

들판을 깨운다
손가락 내밀어
쏙쏙

귀향인가
찬바람 입을 벌려
후후

세탁소 아저씨

하얀 다림판 위에
구겨진 셔츠 누워 있으면
아저씨는 청진기를 대고 귀 기울이신다

하얀 꼬리표 들추며
옷 주인의 이야기 듣는다

다리미로 주름을 펴 주듯
그 사람 어깨를 펴 준다

가로등

눈을 감고
빛을 모아 봐요
눈을 감고
꿈을 모아 봐요

지나가는 모든 사람들
빛으로 껴안아 봐요

한 사람의 빛으로는
세상이 밝지 않아요
반딧불이처럼
모여 모여 봐요

*해바라기는

초가을 오후
휙휙 고개 돌리는
해바라기를 보세요

해바라기는
작은 시침을
몰래 숨기고 있어요

해를 따라
하늘 위를 훨훨 날아다니는
해바라기를 보세요

해바라기들은

얼굴 가득

마법의 양탄자를

몰래 만들고 있어요

* 손광세 시 「나뭇잎들은」을 parody 하였음